U0599093

·陪宝宝玩到入学·

育儿专家的
原创家庭早教游戏

喜宝爸爸◎著

吉林科学技术出版社

图书在版编目（CIP）数据

陪宝宝玩到入学：育儿专家的原创家庭早教游戏 /
喜宝爸爸著 . -- 长春：吉林科学技术出版社，2024.2
ISBN 978-7-5744-0601-8

Ⅰ．①陪… Ⅱ．①喜… Ⅲ．①智力游戏－学前教育－
教学参考资料 Ⅳ．① G613.7

中国国家版本馆 CIP 数据核字 (2023) 第 228697 号

陪宝宝玩到入学：育儿专家的原创家庭早教游戏

PEI BAOBAO WAN DAO RUXUE YU' ER ZHUANJIA DE YUANCHUANG JIATING ZAOJIAO YOUXI

著　　者	喜宝爸爸
出版人	宛　霞
责任编辑	宿迪超
助理编辑	徐海韬
封面设计	长春市阴阳鱼文化传媒有限责任公司
制　　版	长春市阴阳鱼文化传媒有限责任公司
幅面尺寸	170 mm×240 mm
开　　本	16
字　　数	180 千字
印　　张	13.75
印　　数	1-6000 册
版　　次	2024年2月第1版
印　　次	2024年2月第1次印刷

出　　版　吉林科学技术出版社
发　　行　吉林科学技术出版社
地　　址　长春市福祉大路5788号出版大厦A座
邮　　编　130118
发行部电话/传真　0431-81629529　81629530　81629531
　　　　　　　　　81629532　81629533　81629534
储运部电话　0431-86059116
编辑部电话　0431-81629518
印　　刷　长春百花彩印有限公司

书　　号　ISBN 978-7-5744-0601-8
定　　价　49.90元

版权所有　翻印必究　举报电话：0431-82629518

目录

2～3岁的宝宝

5～6岁的宝宝

能力锻炼

感受化妆刷

场地需求 ★★☆☆☆　能力锻炼 ★★★★★　体质增强 ★★☆☆☆

　　化妆刷毛茸茸的，触碰皮肤的感觉非常轻柔，可以刺激宝宝的触觉神经发育。通过这些触觉刺激，宝宝的触觉会变得更加灵敏，长大后对不同材质的感知力也会更强。

　　多陪宝宝玩几次，最开始宝宝的触觉不太灵敏，但是玩过几次之后，他的触觉会越来越灵敏，对毛茸茸的物体表现出越来越大的兴趣哦。

1. 先用妈妈的化妆刷轻轻地在宝宝的身体上扫过。

2. 再把化妆刷竖起来，微微用力，让宝宝感受化妆刷轻柔地戳皮肤的感觉。

Tip 这个游戏在宝宝1岁前都可以跟他们玩，化妆刷一定要用新的或者清洗干净的，避免让宝宝感到不适。

照镜子

场地需求 ★★☆☆☆ **能力锻炼** ★★★★★ **体质增强** ★★☆☆☆

　　经常玩照镜子游戏，可以让宝宝通过对自己的观察来增强自我认知能力。宝宝的模仿能力很强，他们会通过看、模仿来学习一切他们觉得新鲜好玩的事。

　　在玩照镜子游戏时，宝宝动，镜子里的镜像也会动，宝宝就会自己总结事物之间的因果联系，这对提高他们的观察力有很大帮助。

游戏步骤

1. 在客厅摆一面大镜子，在镜子前铺上毯子。

2. 把宝宝放在镜子前，让他观察自己的动作行为。

3. 给宝宝看一些画面或者卡片，让宝宝照着镜子去模仿和学习。

Tip 宝宝6~8个月时可以多玩这个游戏，记得铺好毯子，防止宝宝受伤。

嘴角画圈圈

场地需求 ★★☆☆☆ **能力锻炼** ★★★★☆ **体质增强** ★★☆☆☆

宝宝刚出生时，你知道应该优先锻炼哪里吗？是他们的小嘴巴！

宝宝的视力和听力发育会稍晚一些，手脚在此时也还没有力量，这一阶段他们唯一能熟练运用的就是吃东西要用的嘴巴了。

这个小游戏不仅可以很好地促进宝宝口腔肌肉的发育，还能刺激宝宝的觅食反应。

对于父母来说，这个游戏最大的福利就是：有时候宝宝会冲你吐舌头甚至露出甜甜的微笑，非常可爱！

游戏步骤

1. 宝宝睡醒以后，可以用指尖轻轻地在他嘴边画圈圈，这时宝宝会冲你吐舌头甚至还可能会微笑。

2. 平时喂奶时，也可以用妈妈的乳头或者奶瓶来刺激宝宝的嘴巴。

Tip

玩这个游戏时，动作要轻柔，避免让宝宝感到不适。

能力锻炼

手掌拍拍画

场地需求 ★★☆☆☆　　能力锻炼 ★★★★☆　　体质增强 ★★☆☆☆

　　很多宝宝到四五岁的时候，总是注意力不集中，而且观察力、记忆力差。

　　其实在宝宝 3 岁前，多与宝宝玩颜色和形状认知培养小游戏可以有效避免这些问题。

　　这个小游戏中，宝宝自己用手去拍打和挤压颜料，看它们舒展、混合，他会立刻被神奇的色彩变化吸引住，观察力和专注力可以得到有效提高。

游戏步骤

1. 准备一个塑料袋，在袋中放入一张白纸和一些颜料，封好袋口。

2. 把袋子给宝宝，让他自己用手去拍打和挤压颜料。

3. 看颜色混合，感觉差不多了，展开看看，让宝宝欣赏一下自己创作的"抽象派"画作。

Tip 可以选择封口袋，更方便使用，这个游戏可以跟宝宝玩到宝宝12个月。

亲子沟通

你好宝宝，我爱你

场地需求 ★★☆☆☆　　**亲子沟通** ★★★★★　　**情商教育** ★★☆☆☆

　　宝宝刚来到这个世界时，他是胆小没有安全感的，我们家长一定要在日常生活中给宝宝足够的安全感。最好的办法就是在亲子聊天的过程中，多跟宝宝说我爱你。

　　下面这首儿歌就是为了增强宝宝的安全感而创作的，让他感受到父母对他的爱，知道拉手和亲亲是爱的表达，有助于宝宝去理解他人的感情。

游戏步骤

父母可以多给宝宝唱歌并说"我爱你"，比如：

你好宝宝，我爱你，
就像老鼠爱大米。（握住宝宝的左手）
你好宝宝，我想你，
就像蜜蜂想花蜜。（握住宝宝的右手）
你好宝宝，亲亲你，
我们永远在一起。（亲亲宝宝的小脸蛋）

Tip 宝宝 3 个月时可以开始跟他玩这个游戏。

小马小马 爬爬爬

场地需求 ★★☆☆☆　　**亲子沟通** ★★★★☆　　**情商教育** ★★☆☆☆

　　这个小游戏可以增强对宝宝触觉器官的刺激，宝宝一定会因为痒而哈哈大笑，独特的体验会让他对这个游戏乐此不疲，主动跟你玩个不停。

　　多玩一玩，让它成为你们亲子沟通的小秘密吧。

游戏步骤

1. 用你的手指模拟小马在宝宝身上爬来爬去。
"小马爬爬，爬到了肚皮上，哈哈哈！"

2. "小马爬爬，爬到了鼻子上，哈哈哈！"

3. "小马爬爬，爬到了眉毛上，哈哈哈！"

Tip 这个游戏在宝宝6个月的时候就可以开始玩了，宝宝都会很喜欢的。

摸摸我的脸

场地需求 ★★☆☆☆　　亲子沟通 ★★★★☆　　情商教育 ★★☆☆☆

1岁前的宝宝，如果父母每天跟他聊天超过1小时，他的心里就会充满安全感。

小时候从父母那儿得到足够爱与陪伴的宝宝，长大后会更加有安全感，会成长为积极、乐观、自信的宝宝。

游戏步骤

1. 多跟宝宝聊天，可以选择一些韵律感很强的儿歌，一边对宝宝讲，一边摸摸他，比如：摸摸你的眼，看见你就甜。

2. 摸摸你的鼻，味道好甜蜜。

3. 摸摸你的手，我们一起走。

Tip 在宝宝3个月时就可以经常这样一起玩了。

皮球**不见了**

场地需求 ★★☆☆☆　　认知拓展 ★★★★★　　亲子沟通 ★★★☆☆

　　这个小游戏，其实是在培养宝宝一个重要的认知——客体永存，也就是这个东西虽然看不见了，但并不是完全消失了。对于思维发展来说，这是非常重要的一个培养内容。

游戏步骤

1.让宝宝坐一边，然后你拿出一个球，在宝宝面前把球滚到视线以外的地方，比如沙发后。

2.让宝宝自己爬过去把球找出来，找到后他会很开心的。

> **Tip** 宝宝6个月以后，可以多跟他玩这种找东西的游戏，球是最好用的道具，也可以藏别的东西。

認知拓展

颜色抽抽抽

场地需求 ★★☆☆☆　**认知拓展** ★★★★☆　**亲子沟通** ★★☆☆☆

　　有小宝宝以后，很多家庭会把纸巾盒放到高处。为什么？因为宝宝太喜欢抽纸玩了，一不注意，地上就满是纸巾了。这个小游戏既能避免纸巾满地的乱象，又能满足宝宝的这一喜好，还能锻炼他对颜色的认知。

游戏步骤

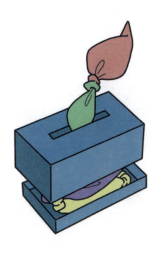

1.把有颜色的手帕或者干净的布条系在一起，然后放进纸巾盒里。

2.让宝宝从里面抽手帕或布条，抽出什么颜色，你就在旁边喊什么颜色。

体质增强

骑自行车

| 场地需求 ★★☆☆☆ | 体质增强 ★★★★★ | 亲子沟通 ★★★☆☆ |

1 岁前的宝宝，多带他玩这个小游戏，可以很好地锻炼他的腿部肌肉，而且练习蹬腿还能让宝宝更好地爬和走，使身体灵活性得到有效提升。

配合童谣还能培养宝宝对节奏韵律的感知力。

游戏步骤

让宝宝仰躺在床上，爸爸轻轻握住宝宝的两条腿，前后推动，做出骑自行车时的腿部动作。同时爸爸念童谣：自行车，跑得快，娃娃骑着去买菜，玉米、萝卜和黄瓜，宝宝样样都喜爱。

Tip 1岁前的宝宝腿部力量不够，所以需要大人配合拉拉他的小腿，来完成这个游戏。

21

体质增强

翻越沙发山

场地需求 ★★☆☆☆　　体质增强 ★★★★☆　　亲子沟通 ★★☆☆☆

　　宝宝从会爬到会走中间这个时间段，一定要让他多爬以锻炼他的手脚协调能力。翻越沙发这种路线凹凸不平的爬行游戏，会让宝宝玩得非常开心。

　　根据指令爬行，对锻炼宝宝的语言和听觉能力也很有帮助。

游戏步骤

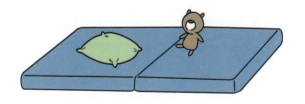

1. 把沙发垫子摆放在客厅的地上，作为一个赛道，在中间的地点设置一些障碍，放上宝宝的玩具，比如：枕头、玩偶、小球。

2. 给宝宝发一些指令，让他一路爬过去得到自己想要的玩具。

Tip 小心保护好宝宝，不要让他摔倒哦。

1~2岁的宝宝

给小动物鼓掌

场地需求 ★★☆☆☆　　能力锻炼 ★★★★★　　体质增强 ★★★☆☆

　　这个游戏做起来非常简单，还可以一举两得。宝宝专注于听故事，故事中出现动物时，会引起宝宝的注意，所以这个游戏可以很好地培养宝宝的定向专注力，还能让他慢慢养成认真听讲的好习惯。

Tip 故事里的动物要是宝宝认知里已经有的，动物出现的频率要高，不然宝宝可能会失去耐心。

1. 和宝宝约定好："接下来爸爸给你讲个故事，只要故事里出现了小动物，你就要拍一下手哦。"

2. 故事举例：小猴有一天出门去摘水果，路上遇到了小鸡和小鸭，它们一起来到果林里，这里有粉嫩的水蜜桃、红红的苹果、大大的鸭梨……大家一起过来采摘，小鸡摘苹果，小鸭摘鸭梨，小猴摘水蜜桃……

能力锻炼

餐具叠叠乐

场地需求 ★★☆☆☆　　能力锻炼 ★★★★☆　　体质增强 ★★☆☆☆

　　1岁多的小宝宝，他的认知已经发展到能理解"比较"概念的阶段，家长不要忽视"比大小"，这可是形成逻辑思维的重要基础。

　　这个游戏道具很简单，我们家里的塑料洗菜盆直接就可以当成早教神器。陪宝宝多玩"餐具叠叠乐"，把洗菜盆互相套在一起的过程中，宝宝自己会去观察和比较哪一个比较大，为什么这个可以套在那个里面，这对他的空间感知力发展也是很有帮助的。

1.拿出家里大小不一的塑料洗菜盆或碗等,摆在宝宝面前。

2.让宝宝把它们一个套一个地叠起来。

> **Tip** 尽量选比较轻的塑料盆或碗,注意不要让宝宝砸到自己。

人工娃娃机

场地需求 ★★☆☆☆　　**亲子沟通** ★★★★★　　**体质增强** ★★★☆☆

　　1~2岁的宝宝都可以玩这个游戏，相对于双手，双脚是宝宝平时很少能锻炼到的地方，这个小游戏可以帮助宝宝锻炼小脚。

　　要想让宝宝的智力发育好，触觉刺激是十分必要的。"人工娃娃机"这个游戏对宝宝的注意力、触觉感知力和精细运动能力的提升都非常有帮助，爸爸要多陪宝宝玩哦。

游戏步骤

1. 在家里收拾一块空地，摆上大小不同的东西，例如：玩偶、球、鞋子、手套等。

2. 让宝宝脱掉鞋子，爸爸从后面抱着他。

3. 让宝宝用两只小脚丫去夹住地上的物品，然后爸爸抱着宝宝到一旁的盆上方，宝宝松开脚让物品掉到盆中，就算运送成功。

Tip 这个游戏很考验爸爸的臂力，爸爸一定要注意保护好宝宝哦。

亲子沟通

一起来顶牛

场地需求 ★☆☆☆☆　　**亲子沟通** ★★★☆☆　　**体质增强** ★★★☆☆

　　这个游戏虽然看起来很单调，但是宝宝一定会非常喜欢的。这个游戏不仅可以增强宝宝的体质，还可以增进亲子关系。

　　玩的时候家长可以故意输几次，多玩几次后宝宝就会主动将头靠近你了，这对亲子关系的培养非常有益。

1. 家长把宝宝抱在怀里，然后用自己的额头顶着宝宝的额头。

2. 这个时候可以稍微用点力气顶住，同时开始说儿歌：大头顶小头，小头顶大头，哞哞，我们来顶牛，看谁力气大如牛。伴随着儿歌，每顶一下之后可以轻轻地扭动脑袋，宝宝会觉得很有趣的。

Tip 顶的时候家长要注意用力不要太大，轻一点。

亲子沟通

电梯举高高

场地需求 ★☆☆☆☆　　**亲子沟通** ★★☆☆☆　　**体质增强** ★★☆☆☆

玩这个游戏的过程中，每一次"爬楼"都要有一次停顿，让宝宝感受到失重的乐趣。

游戏步骤

1. 两手举着宝宝，模拟升电梯，举高一点点，"现在到一楼啦！"

2. 接着再举高一些，停下来，"现在是二楼啦……三楼到啦！"

Tip 这个游戏最好是由爸爸来陪宝宝玩，因为对臂力还是很有要求的。

纸杯印章

场地需求 ★☆☆☆☆　认知拓展 ★★☆☆☆　体质增强 ★★☆☆☆

　　这个游戏可以帮助宝宝认识形状，通过自己的小手捏出的各种形状会让宝宝印象更为深刻；在纸上按出不同颜色，可以作为颜色认知启蒙的好方法。

　　另外，宝宝亲手在白纸上按出满满的彩色造型，会成就感爆棚的，对于培养宝宝的自信心也很有帮助。

1.准备几个纸杯，然后跟宝宝一起把纸杯口捏成各种形状：圆形、正方形、长方形、心形、菱形、三角形……

2.将捏好形状的纸杯作为印章，蘸上颜料，用力按在白纸上，一个清晰的彩色图形就出现啦！

Tip 纸杯的软硬要恰到好处，这样方便捏出造型，也容易定型，游戏效果会比较好，如果有其他替代品也可以替换。

认知拓展

挖宝藏

场地需求 ★★☆☆☆ **认知拓展** ★★★★☆ **体质增强** ★★☆☆☆

几乎没有宝宝会拒绝寻宝游戏，在"挖宝藏"的过程中，宝宝会成就感满满，并且乐此不疲。在寻宝中自然地给他介绍挖到的宝藏和个数，就可以潜移默化地完成认知启蒙和点数启蒙了，快跟宝贝玩起来吧。

1.给宝宝准备一口大米缸，然后找几种水果放进去，比如橘子、苹果、香蕉等。

2.让宝宝在大米中翻找藏起来的水果，一边挖"宝藏"，一边数挖到了多少个。

Tip 水果的品种和个数可以稍微多一点，有助于锻炼宝宝的点数能力。

认知拓展

听一听，找一找

场地需求 ★☆☆☆☆	认知拓展 ★★★★★	能力锻炼 ★★★☆☆

对一两岁的宝宝进行五感刺激是非常必要的，这个游戏在刺激宝宝视听觉的同时，也是对宝宝观察力的早期锻炼，多跟宝宝玩一玩，以后还可以考虑和你的宝宝角色对调，增加他的游戏参与感。

游戏步骤

1. 准备一个会发出声响的玩具，先在宝宝面前摇一摇发出声音。

2. 走到房间的一角，摇响玩具，观察宝宝会不会盯着你和玩具看。

3. 再走到另一个方向继续第二步的操作，观察宝宝会不会寻找发出声音的角落。

Tip 玩这个游戏时，记得跟宝宝说话，鼓励宝宝和你一起游戏。

体质增强

瞄准爸爸

场地需求 ★★☆☆☆ 　体质增强 ★★★★★ 　亲子沟通 ★★★☆☆

宝宝两岁以后，会出现喜欢扔东西的情况，遇到这种情况很多家长都会制止。

其实，"扔"这个动作对于宝宝来说，是一个好处颇多的运动形式，稍作改变就可以成为能够锻炼宝宝的游戏，一举两得。

加上"亲一下爸爸才能醒"这样的设计，小游戏也变得有爱了起来。

1. 爸爸坐在地上或床上，让宝宝把自己的小手比划成小手枪。

2. 宝宝可以从不同的地方用"小手枪"瞄准爸爸，并配音"叭！"。

3. 爸爸闻声假装被子弹击中，应声倒下，如果宝宝亲一下爸爸，爸爸就可以"复活"继续当"靶子"。

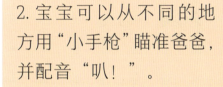

Tip 这个游戏还可以改成用餐巾纸捏几个小纸团，给宝宝当子弹来"打"爸爸。

体质增强

滚小猪

场地需求　★★☆☆☆　　体质增强　★★★★★　　能力锻炼　★★★☆☆

　　6 岁前的宝宝必不可少的玩具就是球，这是别的玩具所不能代替的。

　　"滚小猪"看起来是一个非常简单的游戏，只要宝宝把球从起点推到终点就行了，但是宝宝玩起来也不是那么容易的，小球会到处乱跑，所以玩这个游戏时，宝宝需要具备很好的手眼协调能力和身体控制能力，这些能力在游戏的过程中都会不断得到加强。

　　身体控制力是心理控制力的根基，多玩"滚小猪"对提升宝宝的专注力、自制力也会大有裨益。

游戏步骤

1. 准备一根塑料软棒和一个小球，在家里选定两个位置作为游戏的起点和终点。

2. 让宝宝拿着塑料软棒在起点处推小球，把小球推到指定的终点。

Tip 玩游戏时宝宝会跑来跑去，父母一定要注意保护。

体质增强

巨人的鞋带

场地需求 ★★☆☆　　体质增强 ★★★★☆　　能力锻炼 ★★★☆☆

这个游戏可以锻炼宝宝的精细运动能力，相比于直接在宝宝自己的鞋子上面穿鞋带，这个方式对宝宝来说会更容易一些，所以，想要锻炼宝宝自己穿鞋带的自理能力，不妨先从这个游戏开始吧。

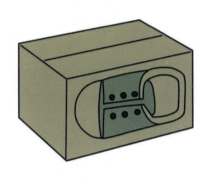

1. 准备一个干净的纸箱，在其中一面画上鞋子的轮廓，然后戳几个穿鞋带的小洞洞。

2. 让宝宝用鞋带在纸箱上练习穿鞋带。

习惯培养

红灯停绿灯行

场地需求 ★★★☆☆　　能力锻炼 ★★★☆☆　　习惯培养 ★★★★★

　　这个游戏是为了培养宝宝的交通安全意识，我一直提倡"玩中学"，家长直接跟宝宝讲道理，宝宝是听不进去的，但是用游戏的方式来进行就完全是自主学习了，效果会非常好。

　　游戏中记得给宝宝做打卡记录，让宝宝看到自己的进步，他会更有动力。

游戏步骤

1. 准备两张卡纸，分别涂成红色和绿色，当作信号灯。

2. 和宝宝讲清楚游戏规则：红灯停，绿灯行。

3. 家长拿出"绿灯"时，宝宝可以走，拿出"红灯"时必须马上停止行走。

Tip 记得在游戏过程中给宝宝计分，还可以进行比赛，增加宝宝的积极性。

玩具配对乐

场地需求 ★★★☆☆ **能力锻炼** ★★★☆☆ **习惯培养** ★★★★★

收拾玩具是令很多家长特别头疼的事情，用游戏来引导宝宝自己收拾吧，不仅可以从小锻炼宝宝的整理收纳技能，还能顺便锻炼一下认知和分类能力，很棒吧！

1. 把宝宝随处乱丢的玩具放到一起，和宝宝约定来玩配对游戏。

2. 发出指令，让宝宝来配对收纳，比如：现在我们先收拾红色的吧，接下来收拾动物的……

情商教育

一人打一下

场地需求 ★★☆☆☆　　**习惯培养** ★★★☆☆　　**情商教育** ★★★★★

　　宝宝在一岁以后会有一个阶段总是打人，很多父母对此十分头疼，自家宝宝被打或是打人都是一件很棘手的事情，虽说这是宝宝成长必经的一个阶段，但父母还是要稍加干预、正确引导的，千万不要想着顺其自然。

　　"一人打一下"利用了宝宝的共情能力，打人后，同样的事情如果发生在自己身上，宝宝会怎么想？他感觉到了疼，也就能知道自己的行为给别人带来了什么样的感受。一方面，自己怕疼以后就不会打人，有助于习惯的培养；另一方面，他知道自己的行为给别人带来了伤害，也会进行自我反思，共情能力的培养，能提高宝宝的情商，有助于人际交往能力的提升。

游戏步骤

1. 在宝宝打你后，做出恍然大悟的样子说："哦，你想和爸爸玩'一人打一下'的游戏。"

2. 然后装作乐呵呵的样子，学宝宝那样打回去。

3. 宝宝可能会很生气，然后再打你一下，你就继续乐呵呵地打一下回去。

Tip 打宝宝时要注意轻重，不要伤到宝宝。

2～3岁的宝宝

能力锻炼

不打架的 T 恤

场地需求 ★★☆☆☆　　能力锻炼 ★★★★★　　情商教育 ★★★☆☆

　　宝宝的天性就是"耐不住寂寞"，两个人被束缚在一件衣服里，再怎么不愉快，不一会儿他们就又会开开心心地闹在一起了，因为两人被套在一起很好玩。

　　想要让宝宝明白合作是什么，讲大道理可是行不通的，只要给他们设置一个相同的处境，他们自己就会开始琢磨了，这个游戏有助于激发宝宝的同理心，促进他们合作与交际能力的提升。

游戏步骤

1.准备一件爸爸的大T恤。

2.把两个刚吵过架的宝宝都套进T恤里，要求他们10分钟内谁都不许出来。

3.两个宝宝大眼瞪小眼，谁都不服谁，但是相信我，不一会儿他们就会玩起来的。

Tip 家长要假装在旁监督，掌控事态的发展趋势。

能力锻炼

日历涂色

场地需求 ★★★☆☆　　能力锻炼 ★★★★☆　　情商教育 ★★★☆☆

　　这个游戏主要是为了帮助宝宝了解一周有几天，同时也可以帮助宝宝树立时间观念，便于宝宝以后可以准确地表达出今天是星期几。

1. 打印一个月的日历，每一天可以用不同的生物标记。

一	二	三	四	五	六	日
		1	2	3	4	5
6	7	8	9	10	11	12
13	14	15	16	17	18	19
20	21	22	23	24	25	26
27	28	29	30			

2. 每过一天就让宝宝给一格涂上颜色，到了周末时告诉宝宝可以换个颜色做标记了。

亲子沟通

纸上谈兵

场地需求 ★★★★☆ **亲子沟通** ★★★★★ **情商教育** ★★★★☆

　　宝宝最喜欢听故事,尤其希望自己能够参与到这些故事当中,在里面加入自己提出的小元素。让宝宝自己选择故事的元素,这种选择权的赋予,会让宝宝感到自主意识被尊重了。而游戏中引导宝宝去观察事物,不仅可以培养他仔细观察的习惯,在和父母比赛谁说得多的过程中,也能增加他的自信心。关联想象是思维导图形式的,这个想象的过程也可以提升宝宝的逻辑思维能力,父母一定要多加引导。同时,游戏中宝宝可以自己来参与语言组织和图像的绘制,他也会更加乐于参与这次游戏。总而言之,这个游戏可以提升宝宝的观察力、专注力、语言表达能力、想象力、创造力、逻辑思维能力,可谓一举多得。

1. 去餐厅吃饭前，爸爸妈妈一定要记得在包里带上纸笔，这样吃饭时就可以玩"纸上谈兵"游戏了。

2. 每上一道菜，就和宝宝比赛轮流说出这道菜的材料和相关元素，并把它们画在纸上，比如：西红柿炒鸡蛋里有西红柿和鸡蛋，西红柿是"红色"的"蔬菜"，味道"酸酸甜甜"的，原产地是"南美洲"等。

3. 等菜上完以后，从每道菜的材料里各选一个，结合在一起讲故事：从前啊，在南美洲有一只老母鸡，它……

Tip 家长不要只顾着带宝宝玩，还要引导宝宝好好吃饭哦。

亲子沟通

青蛙王子

| 场地需求 | ★★☆☆☆ | 亲子沟通 | ★★★★★ | 能力锻炼 | ★★★☆☆ |

多玩这个游戏，宝宝平时会增加对家人的观察，学会去了解家人、关心家人。在游戏时宝宝又需要梳理思维，才能在提问时有较好的语言表达。

在培养良好的亲子关系的同时，宝宝也能锻炼自己的逻辑能力和语言表达能力，会越来越喜欢跟家人聊家常。

游戏步骤

1. 和宝宝保持 3 米左右的距离，然后面对面站着，告诉宝宝，爸爸现在是一只青蛙。

2. 宝宝负责提问，每次可以问 3 个问题，爸爸来回答，每答对 1 个问题，爸爸就可以往前走一小步。

3. 第一个问题，宝宝要问一个自己的喜好，比如：爸爸知不知道我最喜欢吃的水果是什么？第二个问题，宝宝要问一个其他家人的喜好，比如：妈妈最喜欢穿什么颜色的衣服？第三个问题，爸爸要很具体地说一说宝宝最近有什么进步。

4. 回答完 3 个问题以后，爸爸大喊"青蛙变王子啦！"然后往前跳一步，一把抱住宝宝用力亲一下。

亲子沟通

当医生

| 场地需求 ★★☆☆☆ | 亲子沟通 ★★★★★ | 情商教育 ★★★★☆ |

很多宝宝在 2 岁左右会突然变得胆小，为了让宝宝不再害怕，我们可以选择跟他们玩"过家家"的游戏来克服这些恐惧。过家家是永远都不会过时的小游戏，宝宝在玩过家家时，需要进行角色扮演，他就必须站在别人的角度去思考，在这个过程中他可以改变以自我为中心的思维方式，发现自己和别人的不同，改变自我意识，做到理解他人，也能减轻恐惧心理。我们给这个过家家的游戏增加的一些要求，比如给医院打电话，可以锻炼宝宝的语言表达能力；在送小熊去医院的路上，设置各种前进方式，可以锻炼宝宝的大运动能力；而扮演医生去关心小熊，又锻炼了宝宝的同理心。

一次游戏可以添加许多"玩中学"的因素，这大概就是过家家永不过时的魅力所在。

游戏步骤

1. 拿出一只小熊，告诉宝宝小熊摔倒了，腿摔破了，问宝宝该怎么办。

2. 让宝宝扮演小熊的家人给医院打电话，然后带小熊去医院，在救助的路上，给宝宝设置各种行进方式要求：蹦跳、金鸡独立、小跑等。

3. 到医院了，宝宝又"变"成了医生，他需要给小熊检查身体、询问病情。

4. 最后检查完了，宝宝需要安慰一下小熊，给它打针或者吃药让它早日康复。

Tip 这个游戏对于怕去医院的宝宝尤其有用哦。

测量小手枪

场地需求 ★★☆☆☆　　**认知拓展** ★★★★★　　**能力锻炼** ★★★☆☆

　　宝宝会对新接触的技能兴趣很高，学会了用手来测量后，他会不停地测量看到的所有东西，在这个过程中，他会慢慢理解测量的意义，对数量的理解也会更加深刻。

1. 首先告诉宝宝，用力张开拇指和食指就是"小手枪"，我们可以用这个"小手枪"来测量物体的长短。

2. 接下来可以给宝宝派任务了，让宝宝用这个方法去测量桌子、椅子等。

T恤藏宝图

场地需求 ★★☆☆☆　　**认知拓展** ★★★★★　　**亲子沟通** ★★☆☆☆

　　这个游戏对于父母来说真的是福利，陪宝宝玩的同时还能享受小手按摩。

　　玩过几次以后可以来个进阶版：让宝宝自己画图自己讲故事，宝宝可以尽情地发挥自己的想象力，不断拓宽自己的想象世界。

　　最后提醒一下各位爸爸妈妈，这个游戏唯一的问题就是，你们的T恤是不是够多。

1. 找一件不穿的 T 恤，在 T 恤的背后画一幅简单的藏宝图。

2. 穿上这件 T 恤趴在床上，给宝宝讲一个寻宝故事，让宝宝一边听，一边用手指在你后背的藏宝图上"行走"。

Tip 藏宝图虽然简单，但是元素要尽量多一点，最好有山有海有山洞有火车站等，讲故事时可以这样讲：从前有一个海盗，他拦住了很多在大海中航行的船只，抢了很多宝贝，然后翻过高山，经过一个火车站，最后进入一个山洞，把宝贝都藏了起来……

体质增强

娃娃的造型

场地需求 ★★☆☆☆　　体质增强 ★★★★★　　亲子沟通 ★★☆☆☆

　　这个游戏会让你们哈哈大笑,因为宝宝的模仿绝对超级可爱!模仿的过程非常考验宝宝的肢体协调性, 在模仿的过程中,他的肢体动作会越发自在。

1. 找一个摸起来松松软软的布娃娃，随意地把它扔到床上。

2. 跟宝宝一起学娃娃的造型摆姿势，看谁摆得更像。

体质增强

水枪大作战

场地需求 ★★☆☆☆　　体质增强 ★★★★★　　能力培养 ★★★☆☆

　　宝宝天生喜欢玩水，但是平时家长肯定是不会允许乱洒水的，所以如果父母表示要陪宝宝用自制水枪来玩水，宝宝肯定非常积极，立刻就会释放天性，他当然不会知道父母的小心机。

　　对矿泉水瓶的挤压动作，属于精细运动，可以锻炼宝宝的手部肌肉，为他将来写字握笔打下良好基础。

　　在和爸爸比赛谁用水枪射得更远的过程中，宝宝需要专注地去研究如何才能在玩水上赢一局，这又锻炼了他的反应力和专注力，手眼协调能力也会变得更强。

1. 在矿泉水瓶的瓶盖中间钻一个小洞，然后把水装进瓶中，再拧好盖子矿泉水瓶就可以作为水枪了。

2. 爸爸和宝宝一人一个水瓶，用力挤压瓶子，看谁射得更远。

Tip

注意打扫"战场"。

习惯培养

爸爸的代言人

场地需求 ★★☆☆☆　习惯培养 ★★★★★　亲子沟通 ★★★☆☆

　　相对于父母的指令来说，宝宝更愿意接受最心爱的玩偶来指挥他，因为此时的宝宝会有一些反叛心理，但是玩偶来指挥的话，他就会觉得只是在玩游戏，也就没那么排斥了。

　　这个游戏一方面可以让宝宝更听话，养成好习惯；另一方面也增加了亲子沟通的成功率，使亲子关系更加和谐。

游戏步骤

1. 拿出一个玩偶，告诉宝宝："这是爸爸的情绪代言人，下次它一说话呀，你要赶紧注意听哦！"

2. 在宝宝不听话的时候，比如不肯刷牙时，就拿出玩偶，假装玩偶在说话："可爱的小宝贝，你的妈妈已经把刷牙水倒好啦，再不去刷牙的话，她可要生气了哦！"

Tip 可以选择宝宝比较喜欢的玩偶形象.

习惯培养

纸巾魔法

场地需求 ★★☆☆☆　　习惯培养 ★★★★★　　体质增强 ★★☆☆☆

2岁多的宝宝会进入"秩序敏感期"，这时在吃饭等方面很容易出现挑食等问题，造成吃不饱的情况。通过游戏引导，我们可以慢慢帮助宝宝养成好好吃饭的习惯。

游戏步骤

1.在吃饭时，宝宝如果不肯吃，可以拿出一张纸巾，盖在食物上。

游戏步骤

2.假装念几句咒语，然后掀开："我已经施展过纸巾魔法啦，现在食物里有阳光的味道，你试试看。"

3.如果宝宝相信了，就可以继续变出其他味道来引导宝宝吃。

4.如果宝宝说没吃出来，你就假装叹气："看来我的纸巾魔法失效了，你来变一个给我尝尝。"

5.宝宝变完后，你吃一口并露出惊喜的神色："真的呀，除了阳光的味道，还有清香的味道，你也尝尝看！"

Tip "变"一些没有明显味道的食物，避免宝宝揭穿并生气。

习惯培养

我给**妈妈刷刷牙**

场地需求 ★★☆☆☆   习惯培养 ★★★★★   亲子沟通 ★★★☆☆

　　宝宝不愿意刷牙，多半是因为害怕，2 岁后，自我意识发育得越来越好的宝宝，可能越来越不愿意刷牙。他对口腔入侵怀有恐惧情绪，我们要用游戏的方式来帮助他克服恐惧。

　　宝宝在帮助妈妈刷牙的过程中，可以通过自己的实际操作来减轻对刷牙的恐惧。在宝宝给妈妈刷牙时，爸爸或妈妈再告诉他具体应该怎么刷，让宝宝学会正确的刷牙方法，为以后独立刷牙打下良好的基础。

1. 宝宝不肯刷牙，可以先跟他说："今天妈妈累了，你可以先帮我刷个牙吗？你帮妈妈刷完妈妈再帮你刷。"

2. 宝宝帮你刷牙时，多教他怎么刷，但是千万不要自己动手。

Tip 一定要让宝宝动手帮你哦.

情商教育

鼓励贴纸

场地需求 ★★☆☆☆　习惯培养 ★★★★☆　情商教育 ★★★★★

随着"鼓励树"越来越大，宝宝眼里的自己也会越来越好，他的自信心也会越来越强大的。

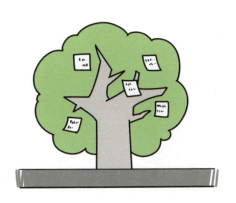

1.在墙上画（或者挂上）一棵给宝宝的"鼓励树"，然后准备一些空白贴纸。

2.每次宝宝有了很好的进步，就用贴纸写下来，然后贴在"树"上。

情商教育

照顾娃娃

场地需求 ★★☆☆☆　**习惯培养** ★★★★☆　**情商教育** ★★★★★

　　在照顾娃娃的过程中，宝宝会换位思考应该怎么做才能把娃娃照顾得更好，这点对于提升宝宝的同理心大有帮助。另外，也不用担心宝宝对这个游戏不感兴趣，宝宝对扮演大人可是非常有兴趣的。

1. 准备一个布娃娃，然后再准备一些小道具：勺子、食物等；

2. 让宝宝来扮演大人，照顾布娃娃吃东西、喝水、睡觉。

3～4岁的宝宝

在床上游泳

场地需求 ★★☆☆☆　　**能力锻炼** ★★★★★　　**体质增强** ★★☆☆☆

宝宝越是长得胖嘟嘟，就越是不肯运动，这个时候父母可就犯了难。

不过有了这个游戏不用请儿童体能教练，也不用找专用场地，更不用花钱，躺在家里就能让宝宝运动起来。这些泳姿可以充分调动宝宝的身体协调性。为了让宝宝玩得更积极，你可以跟他进行比赛，场面会超级好笑。

游戏步骤

1.自由泳：让宝宝手脚并用地往前划。

2.仰泳：翻过身来往前划。

3.蚯蚓游泳：不可以用手，只能身体上下拱动前进。

Tip 铺好床面，不要让宝宝受伤哦！

螃蟹赛跑

场地需求 ★★☆☆☆　　能力锻炼 ★★★★★　　体质增强 ★★★☆☆

　　如果你的宝宝专注力不高、不好好吃饭、晚上不睡觉，你却找不着原因，可以想一下宝宝是不是最近锻炼少了，宝宝在 3 岁以后就可以开始体育锻炼了哦！

　　"螃蟹赛跑"这个游戏，在玩的时候，宝宝的手脚支撑能力都得到了锻炼，可以有效增强手脚的支撑力量。在左右移动的过程中，还可以锻炼宝宝手脚并用的协调性。

让宝宝趴在地上，用手脚撑着地面，往左或往右，手脚并用地移动。

Tip 注意从旁保护，不要让宝宝受伤哦！

能力锻炼

手指转转转

场地需求 ★★☆☆☆　　**能力锻炼** ★★★★★　　**体质增强** ★★★☆☆

　　转手指看起来好像没什么特别，其实大有用处。

　　很多家长会抱怨自己家宝宝注意力不集中，其实根本原因就是精细运动玩得少了。多陪宝宝玩手指游戏，宝宝的十指越灵活，思维发展也会越协调哦！

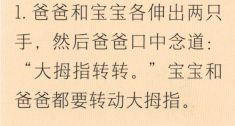

1. 爸爸和宝宝各伸出两只手，然后爸爸口中念道："大拇指转转。"宝宝和爸爸都要转动大拇指。

2. 爸爸再念"食指转转"，宝宝和爸爸同时转动食指。

3. 接下来就是"中指转转""无名指转转""小拇指转转"啦，手指的动作一定要跟口令一致。

Tip 刚开始宝宝可能反应不过来，可以由慢到快地调整。

能力锻炼

大眼瞪小眼

场地需求 ★★☆☆☆　　能力锻炼 ★★★★★　　亲子沟通 ★★★★☆

　　这个游戏玩起来很欢乐，非常适合在宝宝生气以后用来调节气氛。计算两个人一共睁开了几只眼睛的过程，非常锻炼宝宝的数字感知能力和反应速度；一起玩游戏的过程又有助于亲子互动和沟通，快带着宝宝一起玩起来吧！

游戏步骤

1.跟宝宝面对面站着，喊1、2、3后，两人同时睁眼不许笑，每人可以选择是睁一只眼还是睁两只眼。

2.确认一下各自睁了几只眼，如果两人一共睁了两只眼睛，就都要动眼睛；如果是3只眼睛，就动鼻子；如果是4只眼睛，就动嘴巴。

3.谁先反应过来动哪儿并且先动，还把对方逗笑了，谁就是赢家。

Tip 游戏很简单，如果爸爸妈妈一个陪玩，另一个做裁判，就更有趣了。

能力锻炼

猜拳俯卧撑

场地需求 ★★☆☆☆　　**能力锻炼** ★★★★★　　**体质增强** ★★★☆☆

　　这个游戏主要是把大人宝宝都熟悉的"石头、剪刀、布"游戏增加了难度，让宝宝可以在游戏的同时锻炼身体素质，一举两得！

1. 和宝宝保持面对面俯卧撑的姿势。

2. 然后腾出一只手迅速地出"石头、剪刀、布"，比输赢。

能力锻炼

头上的谜题

场地需求 ★★☆☆☆　　能力锻炼 ★★★★★　　体质增强 ★★☆☆☆

现在很多家长都知道，会提问的宝宝更会思考和学习，这个小游戏就可以从小锻炼宝宝的提问能力。多陪宝宝玩，他以后的思考能力和逻辑能力会更强哦！

游戏步骤

1. 和宝宝一人拿一张方块纸，然后各自在上面写或画一个东西，不要告诉对方是什么。

2. 把纸贴在对方额头上，然后开始互相提问，每个人最多只能问9个问题，对方回答是或不是，然后根据这9个问题的回答来猜自己头上的是什么东西。

Tip

举例："我这个是有生命的吗？""是。""我这个是人吗？""不是。""我这个是四条腿吗？""是。""我这个的肉经常被吃到吗？""是。""我这个是猪吗？""是。"

亲子沟通

指哪**不看哪**

场地需求 ★★☆☆☆　　**能力锻炼** ★★★☆☆　　**亲子沟通** ★★★★★

这个游戏是不是在哪儿见过？其实在综艺节目中出现过很多次，跟宝宝玩起来也是超级好玩。

要跟上游戏节奏，宝宝必须要全神贯注，专注力会得到锻炼。同时，这个小游戏的娱乐效果特别好，越玩亲子关系越好。

游戏步骤

1. 和宝宝面对面坐着，约定好游戏规则，你会上下左右地指，你指哪一边，宝宝就不能看哪一边。

2. 然后你开始指，看看宝宝的反应力吧！

Tip 可以先慢一点，随着宝宝熟练起来慢慢调整速度，避免一开始就让宝宝跟不上，挫伤自信心。

亲子沟通

家庭爱心旗

场地需求 ★★☆☆☆　　能力锻炼 ★★★★☆　　亲子沟通 ★★★★★

　　首先可以和宝宝一起制作爱心方案，宝宝会很有参与感和成就感，爱心旗还可以帮助宝宝增强安全感，他会知道无论何时家人都会给他温暖的怀抱。

游戏步骤

1. 准备一张白纸，和宝宝一起动手制作一面家庭爱心旗。

2. 跟宝宝约定好，每次只要家里有人拿起这面爱心旗，其他人就得跑过来抱住他。

Tip 爱心旗可以通过裁剪、画图等方式制作，锻炼宝宝的动手能力。

亲子沟通

不急不吼的 **3 个手势**

场地需求 ★★☆☆☆　　能力锻炼 ★★★★☆　　亲子沟通 ★★★★★

　　这个约定不仅可以帮助宝宝表达自己的情绪，而且帮助父母在面对宝宝时表现得更加冷静和理智，建立亲子之间良好的沟通方式，提升亲子关系。

1. 和宝宝约定三个沟通的手势：第一个，张开五指并五指向外表示停止批评指责。

2. 第二个，由大拇指朝下的差评，变成朝上的好评;

3. 第三个，由紧握拳头的事事亲为，变成摊开手掌的信任放手。

Tip 经常利用这些手势帮助宝宝正确处理事情.

认知拓展

谜语问问问

场地需求 ★★☆☆☆　能力锻炼 ★★★☆☆　认知拓展 ★★★★★

　　这个游戏不需要道具，却非常锻炼宝宝的想象力。

　　层次递进式的提问，看起来好像是在测试，其实也是在帮助宝宝理顺逻辑，对于提高宝宝的逻辑性非常有帮助。

　　在玩的过程中要注意你的提问，做好示范，后续宝宝问的时候逻辑性会更好。

游戏步骤

1. 先让宝宝在脑中想一个具体的东西，想好以后就开始游戏。

2. 你开始提问，比如："是动物还是植物？""是高个子的还是矮个子的？"

3. 提问多次后你来猜到底是什么，让宝宝说说是否猜对。

Tip 玩几次以后也可以跟宝宝反过来，你想他猜，再玩一次。建议猜的事物为宝宝接触过的。

认知拓展

词语乒乓球

场地需求 ★★☆☆☆　　**认知拓展** ★★★★★　　**情商教育** ★★★☆☆

　　这个游戏随时随地都可以玩，不需要任何道具配合。

　　如果宝宝的语言能力差，你一定不要着急，先从词语着手来培养宝宝的表达能力，多进行亲子共读，让宝宝养成先组织语言然后表达的习惯。

　　这个游戏就很适合宝宝，既能排解无聊，又能很好地锻炼宝宝的语言表达和思维能力。而且像打乒乓球一样你来我往的互动方式，还可以培养宝宝的社会交往能力。

游戏步骤

1. 你和宝宝一人说一个词语，进行词语接龙。接龙的规则是：接的词要跟上一个词有关联。

2. 举个例子：宝宝说气球，你可以接飞机，因为这两者都可以飞，这时宝宝可以接老鹰，因为老鹰和飞机都有翅膀……

小蝌蚪找妈妈

场地需求	★★☆☆☆	体质增强	★★★★☆	亲子沟通	★★★★★

宝宝不听你的话？ 80% 可能是亲子关系出了问题。

怎么才能快速提升亲子关系呢？全家一起来玩游戏！

这个游戏就是可以全家人一起参与的，游戏过程充分考验了宝宝的记忆力和逻辑能力，玩起来虽然简单，但是全家互动的感觉会让宝宝完全停不下来。

提高亲子关系的同时，还能锻炼宝宝的专注力、记忆力和运动能力，何乐而不为呢？

游戏步骤

Tip 呼啦圈要选轻一点的那种，不然宝宝拿不动可就玩不起来了。

1. 这个游戏需要全家总动员，3个人手拿3个不同颜色的呼啦圈，然后准备这3个颜色的便利贴，随机贴在每个人的背后。

2. 游戏开始！你随机喊出一个颜色组合，比如："红，黄，蓝！"宝宝需要快速地按照这个游戏组合的顺序，穿过红色、黄色、蓝色的呼啦圈，并确认每个人背后贴的颜色。

3. 等钻完呼啦圈，他还需要回头再把呼啦圈按照颜色，套到背后颜色相符的人身上，这样才算成功完成游戏。

球感摩天轮

体质增强

场地需求 ★★☆☆☆　　能力锻炼 ★★★★☆　　体质增强 ★★★★★

　　很多宝宝小时候都会玩球，但如果宝宝到 4 岁左右还不会拍球的话，身体的协调性肯定是有所欠缺的。更可怕的是，手脚不灵活还会影响宝宝思维的发展，父母一定要重视。

　　但是也不能硬逼着宝宝练，因为这样可能会挫伤宝宝的自信心，所以你就需要这样一个小游戏来锻炼宝宝。

1. 你伸出一只手，假装你的手是一个在跳跃的球。

2. 让宝宝围绕着这只手，来进行运球转圈。

Tip 一开始可以动作慢一点，等宝宝逐渐熟悉了之后再加速。

习惯培养

爸爸是娃娃

场地需求 ★★☆☆☆ **习惯培养** ★★★★★ **亲子沟通** ★★★☆☆

　　宝宝到了三四岁就得自己穿衣服了，但是宝宝不愿意穿衣服怎么办呢？

　　"爸爸是娃娃"这个游戏可以调动起宝宝对穿衣的兴趣。把穿衣这件事当成游戏，并且当被穿衣的对象变成了爸爸之后，宝宝会很爱玩，不仅会很快地掌握系扣子等技巧，跟爸爸的关系还会更加亲密哦！

游戏步骤

1. 拿出几件爸爸的简单衣物放到床边。

2. 爸爸躺在床上不要动，然后告诉宝宝："我现在是个洋娃娃，宝宝可以给我穿衣服吗？"

3. 宝宝会开始动手给爸爸穿衣，不管穿什么爸爸都只管躺着配合。

Tip 在宝宝给爸爸穿衣服时，爸爸可千万别提意见，记住你是个"洋娃娃"哦！

习惯培养

哪里

场地需求 ★★☆☆☆　　**习惯培养** ★★★★★　　**认知拓展** ★★★☆☆

　　最让爸爸妈妈头疼的事，就是宝宝在家磕着碰着或者碰到危险的东西。

　　直接跟宝宝说，他是很难牢记的，这时候就需要通过游戏的方式加强他的记忆。

　　"哪里不能动"这个游戏，可以锻炼宝宝的记忆力，同时也可以在宝宝的潜意识里注入"哪些不能动"的概念。

1. 先把宝宝带到厨房，然后告诉他哪些东西可以动，哪些东西不能动，比如抹布、勺子可以动，菜刀不能动。

2. 然后针对这些东西，问宝宝哪些东西可以动，哪些东西不能动。

3. 你可以大声地问宝宝："什么东西不能动？"宝宝会非常开心地回答："菜刀不可以动！"

Tip 场景可以多换几个，逐渐扩大和增加需要记忆的范围和数量，玩的模式都是一样的。

清洁魔法

场地需求 ★★☆☆☆　　**习惯培养** ★★★★★　　**亲子沟通** ★★★☆☆

　　从小培养宝宝的收纳习惯是非常有必要的，可以帮助宝宝在日后养成整洁的生活习惯。并且，能够培养宝宝爱惜物品的品质，对物品进行呵护，有归置实物的意识，而不是乱扔乱放。

　　那么如何让宝宝主动开始整理呢？游戏是非常好的形式。通常只要亲子关系不错，宝宝都会笑嘻嘻地配合父母的这场"表演"，并且他下次还会主动说："爸爸，我要开始清洁魔法了，你快关门！"

1. 假装很惊讶地对宝宝说："昨天晚上我做了一个梦，梦里你竟然会'清洁魔法'，只要我把门关上，然后数到50，所有的东西就会整整齐齐的了。"

2. 拉着宝宝说："这是不是真的呀，我们来试试吧！"让宝宝进房间，然后把房门关上，开始数数。

3. 数到50后，在门外大声说："你的魔法生效了吗，我要开门啦！"然后打开门。

Tip 提前稍作整理，房间里不要放置对宝宝来说有危险的物品。

习惯培养

坐姿 5 个 1

场地需求 ★★☆☆☆　习惯培养 ★★★★★　体质增强 ★★★☆☆

　　这个游戏除了锻炼宝宝的坐姿之外，其实也锻炼了宝宝的专注力和反应力。你家宝宝是不是能根据指令立刻做出对应的动作呢？快跟宝宝试试吧！

1. 跟宝宝面对面坐着玩，然后约定无论在做什么只要听到口令就要按照口令说的来做。

2. 接下来开始念口令：我的身体坐直了，我的眼睛在看了，我的耳朵在听了，我的嘴巴不说了，我的脑袋在想了。

好梦盒子

场地需求　★★☆☆☆　　能力锻炼　★★★☆☆　　习惯培养　★★★★★

　　低幼的宝宝经常会害怕做噩梦、怕黑，这个小游戏可以帮助他克服对噩梦的恐惧情绪。如果宝宝做噩梦惊醒了，这样一个小游戏也可以帮助他们平复情绪，重新做好入睡准备。

1. 在宝宝睡觉前，拿出一个提前准备好的盒子。

2. 告诉宝宝这是好梦盒子，快把好梦都取出来撒在床上吧。

3. 接下来告诉宝宝，盒子被掏空啦，快把床上的噩梦都捡起来放到盒子里，爸爸帮你收走吧。

情商教育

你切他分

场地需求 ★★☆☆☆　习惯培养 ★★★☆☆　情商教育 ★★★★★

实践证明，90% 的矛盾都可以用这个小技巧化解。

在这个小游戏中，每个宝宝的权利都得到了尊重，他们也感受到了公平。最重要的是，这种"你切他分"的思维方式，可以给他们未来的人际交往和协作能力打下良好的基础。

1. 这个游戏非常简单，我举两个例子来说明。比如童童和乐乐抢蛋糕，你可以跟他们说："这样吧，童童来切蛋糕，但是切完由乐乐来分配。"

2. 如果抢的是玩具，可以说："童童你来制定一下规则，你们每个人轮流玩几分钟，然后乐乐先玩。"

情商教育

木头人

| 场地需求 | ★★☆☆☆ | 习惯培养 | ★★★☆☆ | 情商教育 | ★★★★★ |

这个游戏其实很多人都玩过，各种形式都有，如果看起来很普通，那是因为你没有看到游戏背后的益处。宝宝需要在音乐停止的时候立刻控制自己的肢体不动，一方面，考验他的反应能力；另一方面，也是对他的自控力的锻炼，他需要在音乐停止时控制住自己的行为。

1. 放一首歌，跟宝宝一起伴随着音乐起舞。

2. 音乐一停，你和宝宝都得定在原地不动。

Tip 选择宝宝比较喜欢的，稍微动感一点的音乐。

一天只能 **3 个不**

场地需求 ★★☆☆☆ **习惯培养** ★★★☆☆ **情商教育** ★★★★★

这个游戏需要父母认真地遵守规则，只要你认真遵守了，马上就会开始收到奇效。

宝宝一开始会对这个游戏非常地兴奋，往往一上午还没过，就把3个"不"都用完了，这时候他就只能说"好"啦。但是之后他会开始意识到不要随意地去跟别人对着来，不要总是拒绝。

在游戏中，宝宝会不知不觉地被培养出规则意识，父母也会认识到，其实生活中必须要说不的事情，真的没有那么多。

通过这个游戏，和你的宝宝一起成长吧。

游戏步骤

1.你和宝宝约定：我们每个人，一天只能说3个"不"，说完了就不能说了，只能说"好"。

2.然后这一整天，要和宝宝互相注意对方的措辞，进行记录，看谁能坚持到最后。

Tip 家长也要注意遵守规则哦。

认知拓展

顶个**杯子**

场地需求 ★★☆☆☆　**认知拓展** ★★★★★　**亲子沟通** ★★★☆☆

　　如果有一个"宝宝6岁前家长最焦虑什么"的排行榜，"专注力怎么提高"一定名列前茅。很多家长在宝宝1岁时就开始为此操心，其实大可不必，这里提醒家长们一句：宝宝的专注力一定是玩出来的，不是逼出来或者学出来的！

　　这个小游戏需要宝宝保持头上的杯子不掉，然后和父母一起安静地数数，一方面可以锻炼数数能力，另一方面也能培养他的专注力。

1. 和宝宝一起坐在床上，拿两个塑料杯子，杯里放少量水，分别放在各自的头顶上。

2. 嘴里数数，看两个人谁坚持的时间长。

3. 随着宝宝年龄的增长，这个游戏的难度可以增加，比如改变规则为：站着顶杯子、走路顶杯子，或者增加杯子的数量。

Tip 这个游戏宝宝两岁时就能玩啦！

4～5岁的宝宝

十的 小伙伴

场地需求 ★★☆☆☆　　**能力锻炼** ★★★★★　　**亲子沟通** ★★☆☆☆

　　数学入门不要着急，可以从"凑十法"开始。"凑十法"是进位加法的基本思路。运用"凑十法"能够把进位加法转化成整十加几的问题，从而达到化繁为简的目的。

　　数学是锻炼宝宝逻辑性最好的学科，手指凑十法配合手指一起动，宝宝更加容易记住对应的数字，可以为以后的凑十思维打下良好的基础，作为数学启蒙小游戏是不是很棒呢？

加减法可以从让宝宝熟悉凑十的
加法开始教，试试手指儿歌。

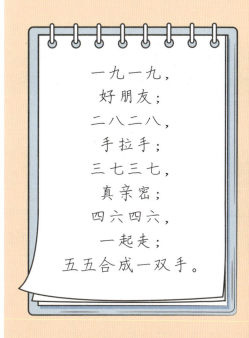

一九一九，
好朋友；
二八二八，
手拉手；
三七三七，
真亲密；
四六四六，
一起走；
五五合成一双手。

Tip 念的过程中，注意手指一
起动。

能力锻炼

抓小偷

场地需求 ★★☆☆☆ **能力锻炼** ★★★★★ **认知拓展** ★★★☆☆

　　这个游戏需要宝宝去观察牌面的特征，并对要素进行记忆，可以充分锻炼低龄宝宝的观察力和对基础元素的认知能力，效果非常好。

游戏步骤

1. 把扑克牌筛选一下，只留数字牌。

2. 简单制作一个纸骰子，只有 3 个数字：1、2、3。

3. 先从牌堆中随机抽出一张牌，这张牌作为小偷的照片，按照这张牌确定小偷的特征：数字、颜色和形状。

4. 掷骰子，掷到几个点，就是需要符合几个特征的才是小偷。

5. 从数字牌中随机抽取十张牌，你和宝宝同时开始找有几个小偷，谁找到的更多算谁赢。

能力锻炼

抽乌龟

场地需求 ★★☆☆☆　　能力锻炼 ★★★★★　　体质增强 ★★★★☆

　　抽乌龟能够锻炼宝宝的数字对应能力，不知道你小时候是否玩过。

　　宝宝在这个游戏中，可以迅速熟悉数字的对应关系，玩熟练了以后，宝宝还可以在玩的时候用一些小策略，越玩越有趣，越玩越机智。

1. 从一副扑克牌中随机抽一张藏起来，作为乌龟。

2. 每个人随机分一堆牌拿在手上，然后各自把自己手中成对的牌先扔出来。

3. 轮流抽一张对家手里的牌，和自己手中的牌成对的，就两张牌一起扔掉，不成对就留在手上。

4. 最后看是谁最后手上留下了一张牌，就是"乌龟牌"。

Tip

注意要是一整副牌.

能力锻炼

抢十游戏

场地需求 ★★☆☆☆ 能力锻炼 ★★★★★ 亲子沟通 ★★★☆☆

这个游戏可以在轻松的竞技氛围中，让宝宝掌握 10 以内的加法，这就是我们追求的寓教于乐。

1. 把扑克牌分成两堆，一堆的数字都是 1~5，另一堆都是 6~10。

2. 两人轮流每次分别从两堆牌中间抽出一张牌，看谁先从中找到可以组成十的两张牌，就可以拿走这两张牌，如果没有合适的，就放到一边。

3. 最后牌抽完了，看看谁的牌多，谁就赢。

Tip 可以在玩的时候配上营造紧张氛围的音乐。

能力锻炼

找朋友

场地需求 ★★☆☆☆ 　　能力锻炼 ★★★★★ 　　亲子沟通 ★★★☆☆

　　这个游戏的目的是练习 10 以内的加减法，直接让宝宝做题当然会有点无聊，且让宝宝产生抵触心理，但是玩游戏就不一样啦，可以一边玩一边靠自己的思考取得胜利，宝宝们都不会拒绝。

游戏步骤

1. 准备一副牌两个人一起玩，发牌前先确定好一个数字，这个数字就是找朋友的条件。

2. 发牌之后，两人轮流出牌，一个人出牌，另一个人对牌，如果两个人出的牌相加或者相减的得数是之前确定的数，他们就是一对"好朋友"，对牌的人可以拿走这两张牌。

3. 最后谁拿到的牌多，谁就获胜。

能力锻炼

人体数感天平

场地需求 ★★☆☆☆　　**能力锻炼** ★★★★★　　**体质增强** ★★☆☆☆

　　在教宝宝数数这件事上，比较常见的做法有两种：一是死记硬背，二是实物数数。

　　前者是对宝宝理解能力的一种摧残，不可取；后者可以很好地培养宝宝的数感。不过需要注意的是，除了数之外，让宝宝知道量的概念也非常重要。

　　这个游戏就可以很好地引导宝宝去明白量的概念，3个苹果和3个西瓜，大小不一样，但是数量是一样的，比起实物数数，这种锻炼方式更全面。

1.你伸出两只手，作为"人体数感天平"。

2.宝宝在两只手上放东西，两边数量一样的时候，"人体数感天平"就会发出"叮叮"声。

能力锻炼

两只手数数

场地需求 ★★☆☆☆　　能力锻炼 ★★★★★　　亲子沟通 ★★★☆☆

　　单手数数是单纯地数数，两只手就又多了加法的意思，跟四五岁的宝宝玩这个游戏，可以让他很轻松就掌握十以内的加法。

1. 首先举起 3 根手指，问宝宝："这是几？"宝宝可以轻松回答。

2. 然后另一只手再举起 3 根手指，问宝宝："这是几？"他就需要数一数了，多玩几次，让宝宝多锻炼。

能力锻炼

密码传送

场地需求 ★★☆☆☆　　**能力锻炼** ★★★★★　　**亲子沟通** ★★☆☆☆

　　"密码传送"是一个很常见的游戏，看似简单，但其中涉及倾听能力、记忆能力、表达能力，任何一个环节出现问题，传达的结果就会发生改变。如果没有良好的倾听能力，就没办法准确获取话语的意思；没有良好的记忆能力，就记不住上一个人传过来的话；没有良好的表达能力，就没办法将记住的传话内容，准确传达给下一个人，所以在游戏中，宝宝各方面的能力都会受到考验与锻炼，专注力、记忆力和语言表达能力都能得到有效提升。

1. 家里人排成一排，第一个人悄悄在第二个人耳边讲一句话。

2. 然后第二个人再传给第三个人，依次传递下去。

3. 最后一个人听完后大声说出自己听到的，看是否跟第一个人表达的内容一样。

能力锻炼

五官该指谁

场地需求 ★★☆☆☆   能力锻炼 ★★★★★   体质增强 ★★★☆☆

　　这个游戏是锻炼宝宝专注力和反应力的小游戏，正反口令结合，宝宝每天玩 5 分钟，反应速度会越来越快，也会越来越专注。

游戏步骤

1. 你跟宝宝说，我喊口令，你来指自己的五官，喊到什么，就不能指什么。比如，喊"嘴巴"，那这个时候，宝宝除了嘴巴不能指，其他的五官都可以指。

Tip 可以每天晚上陪宝宝玩5分钟哦.

2. 玩熟练了以后，可以开启进阶版本，你跟宝宝说，现在有两个口令：一个口令是"鼻子"开头的口令，听到这个口令时，喊到什么，就要指什么，比如"鼻子鼻子，嘴巴"，这时候你就必须指嘴巴；当我喊"眼睛"开头的口令时，就是反口令，比如"眼睛眼睛，耳朵"，你要指除了耳朵之外的其他五官。

能力锻炼

绕口令

场地需求 ★★☆☆☆　　能力锻炼 ★★★★★　　亲子沟通 ★★★☆☆

　　绕口令的游戏，不仅可以锻炼宝宝的表达能力，还可以增加宝宝的抗挫折能力，因为他会发现，每个人都会说错，而且很好玩。

1. 你拿一个硬币，跟宝宝说，我们来玩绕口令的游戏，看谁说得快。如果扔到正面，就是"吃葡萄不吐葡萄皮，不吃葡萄倒吐葡萄皮"；要是扔到反面，就是"大兔子，大肚子，大肚子的大兔子，要咬大兔子的大肚子"。

2. 等宝宝熟练了，可以再换两个绕口令继续。

Tip 为了激发宝宝的兴趣，刚开始你可以适当放水哦。

亲子沟通

家庭海报

场地需求 ★★★★☆　　**能力锻炼** ★★★★★　　**亲子沟通** ★★★☆☆

　　和宝宝共同完成一个项目，对于亲子关系提升是非常直接且有效的方法。最重要的是家庭海报要定下全家共同的目标，比如这周家里人要一起去超市买东西、完成一顿大餐、打扫卫生等，这对于亲子关系提升大有益处。

游戏步骤

1. 和宝宝约定一起来做一个家庭海报。

2. 可以发挥想象力，一起给家庭起一个名字，想一个口号，定一个家庭目标。

3. 每个家庭成员都在海报里留下自己的名字，形式可以多样，可以是画画、手印或者其他。

Tip 家庭目标是最重要的，可以是一周的小目标，也可以是一个月或者一年的大目标，一定要是可以全家共同参与的。

亲子沟通

家庭发布会

场地需求　★★★★☆　　能力锻炼　★★★☆☆　　亲子沟通　★★★★★

　　家庭会议最重要的是让宝宝能够看到每一个家人的爱和付出，爸爸妈妈也不要吝啬对宝宝的赞美，让宝宝看到自己的闪光点。每周的"家庭之星"也是对每个人的肯定，宝宝获得肯定后会更加有积极性。

游戏步骤

1.约定每周一次家庭发布会,轮流做主持人主持会议。

2.主持人要轮流说到每个家庭成员,介绍一下每个人这周的进步,然后再采访当事人,谈一下其他家庭成员的进步和对他们提出的建议。

Tip 家庭会议要记得做记录表哦,别忘了选出每周的"家庭之星"。

能力锻炼

地球仪接龙

场地需求 ★★★☆ 能力锻炼 ★★★★★ 亲子沟通 ★★★☆☆

　　这个游戏对宝宝的地理认知锻炼非常重要。最开始宝贝可能对于国家认知不多，所以比赛时家长要注意"放水"，给宝宝一点信心。同时，找相同颜色国家，对于锻炼宝宝的专注力和观察力也是非常有帮助的。

游戏步骤

1. 准备一个地球仪，和宝宝一起转动地球仪。

2. 在地球仪转动时，随机按住地球仪使地球仪停下，然后看下指到的是哪个国家，说出国家名。

3. 接下来要去找出颜色相同的国家，并说出名字。

Tip 游戏需要使用的地球仪是国家的颜色有区分的。

认知拓展

看谁说得多

场地需求 ★★☆☆☆　认知拓展 ★★★★★　亲子沟通 ★★★☆☆

这个小游戏可以瞬间让宝宝安静下来，在游戏中，他要在大脑中对动物不断地进行分析分类，不仅可以锻炼分类能力，而且对于提升他的认知水平也非常有效。

游戏步骤

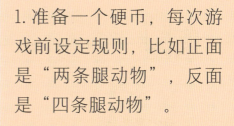

1. 准备一个硬币，每次游戏前设定规则，比如正面是"两条腿动物"，反面是"四条腿动物"。

2. 你扔的时候宝宝说，宝宝扔的时候你说，说过的动物名称不能重复，最后看谁能说得更多。

体质增强

飞机对对碰

场地需求 ★★☆☆☆ **体质增强** ★★★★★ **亲子沟通** ★★★☆☆

这个运动游戏的目的，是鼓励宝宝进行跳跃，不管是原地跳、向前跳还是倒着跳，都能很好地锻炼宝宝的运动协调能力，体质好的宝宝一定更聪慧。

1. 你跟宝宝各自是一架飞机，面对面大约隔着 2 米站着，然后跟他用腿玩石头剪刀布。

2. 赢了的一方，就要往前跳，输了就要倒着跳，平局的话，两个人就要原地跳。最后能不能顺利会合，就看你是否跳得比对方更远哦！

体质增强

场地需求 ★★☆☆☆   **体质增强** ★★★★★   **亲子沟通** ★★★☆☆

这个运动小游戏，宝宝玩起来会特别开心，通过亲密接触不仅能迅速提升亲子关系，而且还能锻炼他的手和脚的力量，一举多得。

1. 你和宝宝面对面站着，拉住他的双手，宝宝现在就是一只小猴子。

2. 他光脚站在你的脚面上，然后你双腿微曲，身体略微后仰，让宝宝用脚踩在你的膝盖上，通过手拉、脚蹬，一步一步站在你的大腿上。

3. 最后宝宝牢牢地抱住你的头，就算登顶成功。

Tip 要保护好宝宝哦！

体质增强

木板过河

场地需求 ★★★☆　**能力锻炼** ★★☆☆☆　**体质增强** ★★★★★

　　手脚并用的协调能力，其实是身体灵活度的一个重要指标。这个游戏中宝宝的协调能力会得到充分锻炼，只有小小的 3 块板，要想又快又好地往前进，难度还是挺大的，和宝宝一起试试看吧！

游戏步骤

1. 给自己和宝宝各准备 3 块木板，假装现在木板下面是一条河。

2. 现在只能通过 3 块木板前后搬运放置，踩在木板上来渡过小河，谁会更快抵达彼岸呢？

Tip 木板也可以用硬纸板或其他物品代替。

沙漏猜猜看

场地需求 ★★☆☆☆　**习惯培养** ★★★★★　**能力锻炼** ★★★☆☆

　　让宝宝看得到时间，是时间管理的第一步。

　　宝宝看到时间后，会觉得特别神奇，他会想知道每件事情的完成需要几个沙漏。通过这样的练习，宝宝可以逐渐获得时间认知，也会在观察沙漏的过程中锻炼观察力。

　　那如果宝宝吃饭猜了 100 个沙漏，你应该怎么办呢？

给宝宝一个 5 分钟的沙漏，跟他玩猜猜看，比如：家庭吃饭时间会用几个沙漏完成？然后一起试一试什么时候能完成。

一分钟……两分钟……

几秒钟数数

场地需求 ★★☆☆☆   习惯培养 ★★★★★   能力锻炼 ★★★☆☆

　　这样的调整看起来只有很小的变化，但是数数时的速度更接近真实的时间流速，有助于培养宝宝的时间感。

　　在数数时增加了关于时间的文字，可以引导宝宝克服惯性数数，开始思考。

在宝宝会数 1 到 20 后，每次数数时，让他改成数"1秒、2秒、3秒……"

習慣培养

猫和老鼠

场地需求 ★★☆☆☆   **习惯培养** ★★★★★   **能力锻炼** ★★★☆☆

　　这个游戏宝宝通常会玩得很投入，在玩闹中，养成了给物品分类的好习惯，一方面，有助于形成物品如何分类的认知；另一方面，养成了物品分类的习惯，一举两得。

1. 和宝宝约定好开始轮流收拾玩具的游戏,分别扮演猫和老鼠,猫发号指令,老鼠收拾,做错了要被惩罚。

2. 第一局,爸爸是猫,喊出5个玩具的名字,宝宝是老鼠,要赶紧把这5个玩具收拾到对应的分类里。

习惯培养

行为遥控器

场地需求 ★★☆☆☆　习惯培养 ★★★★★　亲子沟通 ★★★☆☆

　　宝宝想要使用遥控器控制大人，就要先接受自己被"遥控"，这样首先就给宝宝建立了平等和公平的意识。

　　遥控器可以轻松让宝宝养成一些大人希望他养成的好习惯。

　　你有想让宝宝养成的好习惯吗？快做个遥控器"遥控"他吧！

洗澡

刷牙

睡觉

1. 做一个遥控器，在上面贴上几种模式，比如：洗澡模式、刷牙模式。

2. 宝宝可以用这个遥控器来控制大人，让大人按照遥控指令做，但是他每使用一次，大人也可以用一次。

Tip 模式要在宝宝能接受的范围内哦！

173

多当哥哥姐姐

场地需求 ★★☆☆☆　**亲子沟通** ★☆☆☆☆　**情商教育** ★★★★★

周末带宝宝出去玩，多邀请有宝宝的朋友一起去，记住，最好是他家宝宝比你家宝宝年龄小。这样的话，宝宝就会被称为"哥哥""姐姐"，他们的心理就会占据优势，会更容易主动起来。

游戏步骤

可以和宝宝说："宝贝，你来帮助阿姨照顾小妹妹吧！"或者"宝贝，你陪小弟弟玩一会好吗？"

> **Tip**
> 注意，要多邀请比你家宝宝小的宝宝。

换名字交朋友

场地需求 ★★☆☆☆ **能力锻炼** ★★★☆☆ **情商教育** ★★★★★

这个游戏，小宝宝会特别喜欢玩，不仅能锻炼反应速度，还能帮助他们社交。毕竟，熟悉了名字就等于熟悉了一大半。陪怕生的宝宝试试看吧！

　　三个宝宝在一起，比如喜宝、晨宝、乐宝，你跟他们说，现在开始，你是晨宝（喜宝）、你是乐宝（晨宝）、你是喜宝（乐宝）；我叫到谁，谁就答应，看谁的反应快。

等一等，有两个

场地需求 ★★☆☆☆　　能力锻炼 ★★★☆☆　　情商教育 ★★★★★

　　宝宝上小学前有没有自控力，对他将来的学习能力和社交情商有非常大的影响。而培养宝宝自控力最关键的，就是要让他觉得自律有意思。

　　这个游戏的关键在于，如果宝宝做到了，你真的给到他约定的奖励的时候，他马上会尝到"忍耐"的好处，自控力随之就得到了培养。

游戏步骤

1.如果宝宝跟你说"爸爸，我想吃棒棒糖。"你要说："好呀，现在吃呢，就是一个。如果你等一等，我们上完舞蹈课后再吃，就可以给你两个。"

2.如果宝宝选择了马上吃，你不要有任何劝说和阻拦，给他一个就好，下次有类似情景的时候，你再说一遍，"等一等，有两个"。

Tip 说的时候不要有任何倾向性。

5～6岁的宝宝

能力锻炼

两只小鸟

场地需求 ★★☆☆☆   能力锻炼 ★★★★★   体质增强 ★★★☆☆

很多家长都不相信，6 岁前宝宝的学习潜力和身体可拓展性都远超成人。

跟宝宝一起试试这个游戏吧，他一定会掌握得比你快得多。

游戏步骤

游戏口诀：
　两只小鸟
　站在大树上
　一只叫叮叮
　一只叫铛铛
　飞吧叮叮
　飞吧铛铛
　回来吧叮叮
　回来吧铛铛

家长可以用手指指着图中形象，同时念出歌谣，让宝宝跟着家长念。

能力锻炼

数感套圈

场地需求 ★★☆☆☆ **能力锻炼** ★★★★★ **体质增强** ★★★☆☆

　　6岁前，同样的知识，让宝宝玩会还是背会，这里面的差异会影响宝宝一生的学习能力。比如说，怎么让宝宝玩会数和量的关系，用这个游戏宝宝会玩得根本停不下来，是不是比让他死记硬背好多了呢？

1. 在桌上放好9张纸，每张纸上都画上对应的圆圈；用一根橡皮筋，绑上4根绳子，做成套圈；再准备9个纸杯排成一排放在桌子上。

2. 把纸片打乱，然后跟宝宝一起数纸片上的圆圈，数完了圆圈，再用套圈去套对应数量的纸杯放到纸片上。

3. 等到宝宝熟练了之后，再把纸上的圆圈换成数字，继续玩。

能力锻炼

吸吸乐配对

场地需求 ★★☆☆☆ 能力锻炼 ★★★★★ 体质增强 ★★☆☆☆

这个游戏一方面可以用来锻炼宝宝的认知，另外一方面对于口肌的锻炼也是很有帮助的，宝宝长大后说话吐字清晰等都和口肌锻炼大有关系。游戏中还可以跟宝宝比赛，看谁更快。

1. 把字母或数字写在纸片上，然后铺在桌面。

2. 让宝宝用吸管吸起纸片并挪动，给它们排序。

Tip 这个游戏玩认字、数字、字母都可以的，大家可以根据学习内容稍作修改。

能力锻炼

气球**运杯子**

场地需求　★★☆☆☆　　能力锻炼　★★★★★　　体质增强　★★☆☆☆

　　释放宝宝体力的小游戏，又来喽！宝宝说话晚、说话慢、说话不清楚，其实有一个重要的原因很多家长都不知道，那就是宝宝的口腔肌肉和肺活量发育不够。

　　那怎么锻炼呢？这个小游戏就可以玩起来了。

1. 准备好气球和纸杯，纸杯可以放在桌子的一头。

2. 和宝宝比赛，通过把气球放到杯子中，然后吹鼓气球撑起杯子来挪动杯子，看谁能更快把杯子运到桌子另一头。

Tip 气球要买容易吹起来的，要让宝宝可以更容易完成，他才会有持续的成就感。

能力锻炼

小脚搬运队

场地需求 ★★☆☆☆ **能力锻炼** ★★★★★ **体质增强** ★★☆☆☆

这个游戏最有意思的地方在于你要跟宝宝一起比赛，步子迈得大，球就容易掉，步子小，球肯定稳，但是速度就会慢。对于锻炼宝宝的身体协调性，这个游戏的效果简直太好了！

1. 找 2 个纸杯，在纸杯侧面戳 2 个洞，然后穿进绳子，把杯子绑在脚上。

2. 你和宝宝一人脚上绑一个纸杯，比赛用纸杯来运乒乓球。

能力锻炼

吸管接龙

场地需求 ★★☆☆☆　　能力锻炼 ★★★★★　　体质增强 ★★☆☆☆

　　这个游戏能锻炼宝宝的耐心和合作能力，很适合一家三口一起玩。如果是宝宝和小伙伴来玩，小伙伴们一起比赛也很不错哦！

游戏步骤

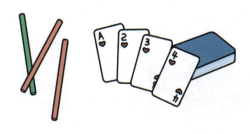

1. 准备几个吸管和几张扑克牌。

2. 一家三口，第一个人用吸管吸住一张扑克牌，传给下一个人，下一个人吸住，第一个人松开，依次往下传，然后再循环给第一个人。

3. 看看是谁中间没有吸住，牌掉了的人失败，就要接受惩罚。

认知拓展

指上故事

场地需求 ★★☆☆☆　　能力锻炼 ★★☆☆☆　　认知拓展 ★★★★★

　　拿一支彩笔在手指上涂涂画画对宝宝来说可是很有趣的哦！要将食指指头涂满颜色，也能消磨不少时光呢，这可是发挥宝宝想象力和创造力的好机会。

　　和宝宝一起编故事，还能锻炼他的语言表达能力，对于以后写作文也大有裨益。

1.拿一支彩笔，和宝宝分别在手指上画上人物或其他内容。

2.画好后，一起根据手指上的内容来编个故事，上演一段手指剧吧。

体质增强

抢尾巴

场地需求 ★★☆☆☆　能力锻炼 ★★★☆☆　体质增强 ★★★★★

　　抢尾巴这个游戏，宝宝会玩得非常开心；春天到了，在户外这样玩，不仅可以引导宝宝多跑步，还能很好地增强宝宝的身体平衡感，一举多得哦！

1. 你跟宝宝腰间各自系上一条毛巾，当作是各自的尾巴。

2. 然后互相跑起来，谁抢到对方的尾巴就算赢了。

3. 为了保持游戏的公平性，可以限制大人只能模仿某种动物的行为，比如只能模仿螃蟹横着跑。

体质增强

水中模仿秀

场地需求 ★★☆☆☆ **体质增强** ★★★★★ **亲子沟通** ★★★☆☆

在水里的平衡感会明显有别于地上,宝宝会喜欢这种新奇感,尤其是模仿家长的动作。

而进入不同的环境,又能培养宝宝的适应能力,运动还能提高宝宝的专注力。

在水里,宝宝的平衡感会明显弱于地面,所以模仿动作的过程,其实就是在锻炼他的核心肌肉群,他的注意力也会得到提高。

宝宝在泳池中，和你轮流做动作来模仿对方，比如，模仿金鸡独立或者像芭蕾舞者一样转圈。

Tip 注意保护宝宝。

习惯培养

家务大转盘

场地需求 ★★☆☆☆　**习惯培养** ★★★★★　**体质增强** ★★☆☆☆

　　这个游戏可以让宝宝主动参与家务劳动，宝爸宝妈可不要小瞧做家务，这对于培养宝宝好习惯以及锻炼精细运动能力可是很有帮助的。

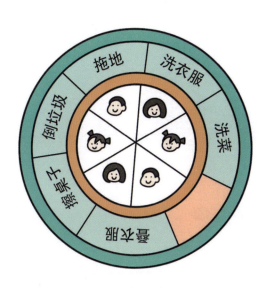

1. 制作一个大转盘，内圈是家人，一家三口每个人可以出现两次，外圈写几个家务事项，比如：拖地、洗衣服、洗菜、扔垃圾、擦桌子。

2. 每次一起做家务，谁转到什么就做什么。

开心盒子

| 场地需求 | ★★☆☆☆ | 能力锻炼 | ★★☆☆☆ | 习惯培养 | ★★★★☆ |

这个游戏主要是用来帮助宝宝养成自省的习惯，记住开心的事情，对于负面的情绪也能及时排解。

1. 晚上睡觉前，邀请宝宝一起来梳理一下今天发生的事情，主要是两类：一类是自己特别开心的事情，有进步的事情；另一类是不高兴的事情和需要改进的事情。

2. 把这些都写到卡片上，把开心的事情全部都放到开心盒子里，不开心的事情呢，跟爸爸妈妈讨论下次应该怎么才开心，写在背面，交给爸爸妈妈，然后就开心睡觉。

习惯培养

运动骰子

场地需求 ★★☆☆☆ **习惯培养** ★★★★☆ **体质增强** ★★☆☆☆

　　运动对于培养宝宝的自信心，锻炼健康的身体，以及培养勇气都是非常重要的，一个小游戏让运动变得不那么枯燥，何乐而不为呢？

1.用卡纸做一个纸骰子，然后在每一面都写上一项体育锻炼项目，比如拍球、跳绳、跳格子等。

2.和宝宝一起扔到什么，今晚就锻炼什么项目，培养运动的习惯。

习惯培养

心爱宝箱

场地需求 ★★☆☆☆ 习惯培养 ★★★★☆ 体质增强 ★★☆☆☆

宝宝大多不会收拾玩具，怎么办？快在家玩这个，这个游戏不仅可以培养宝宝的收纳习惯，还能锻炼宝宝的节约意识。

1.给宝宝准备一个箱子，告诉他这个是他的心爱宝箱，如果你自己的玩具没有收到这个宝箱里，那么爸爸妈妈就可以把玩具收到其他地方。

2.另外，如果宝宝找不到了又还想要那个玩具，就需要用心爱宝箱里面的一件玩具来换。

情商教育

菜市场的教育

场地需求 ★★☆☆☆　　**亲子沟通** ★☆☆☆☆　　**情商教育** ★★★★★

　　菜市场这个地方，带宝宝逛一次，就相当于给他上了颜色课、数学课、情商课、语言课、生活课。

　　几个提问可以培养宝宝生活认知、数量认知、观察力和情商。

　　很多宝宝不会交朋友，其实就是我们给他们的生活接触太少了，相对于超市的井然有序，菜市场的形形色色更接地气，不仅有热热闹闹的生活智慧，还会让宝宝更加热爱生活。

1. 找个时间带宝宝一起去菜市场。每人准备一个谜语，就是自己想买的菜。比如，"白胖胖，四方方，能做菜，能做汤"。谜底是豆腐，对方要猜出来并买到，才算完成任务。

2. 再猜测今天买东西，一共要花多少钱，猜得最接近的人，获得胜利。

3. 最后，问宝宝今天菜市场遇到的最有意思的人是谁，为什么，他说了哪些话。

魔法小厨师

场地需求 ★★☆☆☆　　**亲子沟通** ★★★☆☆　　**情商教育** ★★★★★

很多家长会着急：宝宝怎么总跟我对着干？

那是因为你光会发火啊！来一点游戏小魔法，让宝宝听话一点都不难！

跟宝宝玩过这个游戏以后，当你希望引导宝宝好的行为的时候，就可以说，我们一起吃一块贴心巧克力、坚持棒棒糖、分享冰淇淋、礼貌蛋糕等，宝宝就不会跟你对着干啦！

1. 找一个宝宝表现特别好的时候，假装很惊讶的样子，围着他看很久，然后问他："宝宝，你是不是给自己吃了'安静薯片'，真棒耶，我也想吃一口！"

2. 宝宝如果假装给你吃了，你要配合着表演起来，然后大声夸赞："你真是魔法小厨师，好神奇。"

Tip 你一定要演得让宝宝觉得好玩有意思，他才愿意继续配合你。